Ronald Rossig

Hamburgs Bunker

Dunkle Welten der Hansestadt

ORTE DER GESCHICHTE
CH. LINKS VERLAG

Die Reihe »Orte der Geschichte« wird herausgegeben von Martin Kaule.
Alle aktuellen Fotos, sofern nicht gesondert ausgewiesen, stammen vom Autor.
Peter Bock/Fa. Bock-CAD: S. 55; Martin Kaule: S. 34, 45, 49, 51, 54; Sören Kempe/Hamburger Unterwelten e.V.: S. 53; Klaus Mebus: S. 46, 47; Frank Rasch: S. 24; Timo Schiel/unter hamburg e.V.: S. 10, 18, 37 (u.), 39 (l.), 50, 60, 61; Christopher Volle, Freiburg: vordere Umschlaginnenseite Archiv Michael Foedrowitz/M. Giese, Berlin: S. 7; Archiv unter-hamburg e.V.: S. 20 (r.); Bildarchiv Preußischer Kulturbesitz: S. 13 (u.); Bundesarchiv: S. 12 (183-R97622/Walther); KZ-Gedenkstätte Neuengamme: S. 9 (F 1981-222); Museum der Bahn AG, Nürnberg: S. 17; Norddeutscher Rundfunk: S. 5; Staatsarchiv Hamburg: S. 14 (720-1/143-12 = 2 170); Stadtteilarchiv Eppendorf: S. 27 (r.); Ullstein-Bilderdienst: S. 13 (o.), 33; Wikipedia.de: S. 30 (User: Wikiallergie)

Die Deutsche Nationalbibliothek verzeichnet diese Publikation in der Deutschen Nationalbibliografie; detaillierte bibliografische Daten sind im Internet über www.dnb.de abrufbar.

1. Auflage, November 2014

Schönhauser Allee 36, 10435 Berlin,
Tel.: +49 (0) 30 44 02 32-0
www.christoph-links-verlag.de; mail@christoph-links-verlag.de
Umschlag – vorn: Energiebunker Wilhelmsburg, 2013 (Martin Kaule); hinten: Eingangsbereich der Zivilschutzanlage am Hauptbahnhof, 2012 (Klaus Mebus)
Gestaltung und Satz: Agentur Marina Siegemund, Berlin
Lektorat: Dr. Stephan Lahrem, Berlin
Druck und Bindung: Graspo CZ, Tschechien

ISBN 978-3-86153-799-1

Inhaltsverzeichnis

Einleitung

Bunker sind ganz spezielle Bauwerke. Ohne Krieg oder zumindest Kriegsvorbereitung oder -drohung gäbe es sie nicht. Und ihr massenhafter Bau jenseits von Frontstellungen wurde erst mit der Existenz von Fernwaffen und Bomberflotten sinnvoll und notwendig, als der Lebensbereich der Zivilbevölkerung weit im Hinterland zum Kriegsschauplatz geriet. Zivilschutzbunker sind daher ein typisches Phänomen des 20. Jahrhunderts und zeugen von kriegerischer Gewalt und der Entwicklung der Waffen, vor denen sie Schutz bieten sollten.

Da verwundert es nicht, dass es in Deutschland die Nationalsozialisten waren, die zuerst den flächendeckenden Bunkerbau vorangetrieben haben. Erst im Zuge ihrer Kriegsvorbereitungen, dann zur Begrenzung der Zahl der Kriegstoten. Allein in Hamburg entstanden im Zuge des sogenannten Führer-Sofortprogramms, einem der größten zweckgebundenen Bauprogramme der Geschichte, zwischen 1940 und 1945 mehr als 1100 Zivilschutzbunker unterschiedlichster Art. Dazu kamen Hunderte von Werkluftschutzanlagen, die den Rüstungsarbeitern einen Zufluchtsort bieten sollten. Die Umsetzung der Bauprogramme während des Zweiten Weltkrieges war nur durch den rücksichtslosen, ausbeuterischen Zwangsarbeitereinsatz von Zehntausenden von Kriegsgefangenen und KZ-Häftlingen möglich, denen in der Regel selbst der Zugang zu den Schutzanlagen verwehrt war.

Mit Zuspitzung des Kalten Krieges erwachte das Interesse an Bunkerbauwerken erneut. Die Drohung mit atomaren, biologischen und chemischen Waffen verlangte nach einer Aufrüstung alter

Nachgenutzte Flaktürme auf dem Heiligengeistfeld, 1953

Anlagen und der Konstruktion neuer Bunker mit ABC-Schutz. Erst mit dem Zusammenbruch der Sowjetunion schien die Kriegsgefahr gebannt, und seit sie in Form des internationalen Terrorismus zurückgekehrt ist, ist damit eine so andere Kriegführung verbunden, dass die Schutzbauwerke nicht mehr zeitgemäß sind.

Die Bunker gehören einer vergangenen Epoche an, sind Zeugen von Krieg und Zerstörung. Man kann die teils riesigen Kolosse aus Stahlbeton mit bis zu vier Meter dicken Wänden als Schandflecken in den Städten begreifen und sie abreißen und abtragen wollen. Man kann sie aber auch als Teil der deutschen Geschichte bewahren, sie der Öffentlichkeit zugänglich machen und sich kritisch mit ihnen und dem, was sie repräsentieren, auseinandersetzen. Die vorliegende Publikation ist ein Beitrag zu dieser Diskussion. Sie gibt einen Überblick über die Geschichte des Bunkerbaus in Hamburg und stellt dann eine repräsentative Auswahl von Bunkerbauten in der Hansestadt vor.

Geschichtlicher Überblick

Bunkerbau im Nationalsozialismus

Die nationalsozialistische Diktatur von 1933 bis 1945 brachte viel Zerstörung und Leid für Hamburg und seine Bevölkerung. Schon bald nach ihrer »Machtergreifung« im Januar 1933 begannen die Nationalsozialisten in der Hansestadt, wie im ganzen Deutschen Reich, mit der Verfolgung von politisch Andersdenkenden – vorwiegend Mitglieder sozialistischer und kommunistischer Arbeiterparteien – von Juden, von Roma und Sinti und von anderen den Nazis missliebigen Menschen.
Politisch verantwortlich in Hamburg war der gebürtige Rheinländer Karl Kaufmann, der am 16. Mai 1933 offiziell zum »Reichsstatthalter« ernannt wurde, aber bereits seit 1929 bei der NSDAP als Gauleiter für Hamburg fungierte. Kaufmann erwirkte Ende 1934 für die Stadt den Status eines wirtschaftlichen Notstandsgebiets, der mit Privilegien im Steuerrecht und mit einer bevorzugten Behandlung bei der Vergabe von Fördermitteln und Aufträgen des Reichs verbunden war. Im Zusammenhang mit der ab 1935 zuerst verdeckten, später immer offener vorangetriebenen Wiederaufrüstung des Militärs und der forcierten Vorbereitung auf einen neuen Krieg wuchs Hamburg zu einem der wichtigsten Rüstungsstandorte heran. Die Betriebsanlagen und Vorratslager der Erdöl verarbeitenden Industrie wurden erheblich ausgebaut, ehemals zivile Produktionszweige auf Rüstungsgüterproduktion umgestellt. Die Munitions- und Sprengstoffindustrie erfuhr einen gewaltigen Aufschwung, und im Hamburger Hafen

Baustelle des größten Tiefbunkers in Norddeutschland unter der Reeperbahn, 1941

bauten die ansässigen Schiffswerften wie Blohm & Voss, die Deutsche Werft AG, die Norderwerft, Stülcken und andere einen großen Teil der deutschen Kriegsschiffe und U-Boote. Dank dem Status als Notstandsgebiet wurde Hamburg aber nicht nur beim militärischen Schiffsbau bevorzugt, auch (vorerst) zivil genutzte Schiffe entstanden dort, wie etwa die großen Kreuzfahrtschiffe der NS-Organisation »Kraft durch Freude«.

Ausdruck der frühen Kriegsvorbereitungen war auch eine 1935 erlassene Änderung der Baugesetze. Neubauten mussten laut der II. und IX. Durchführungsverordnung des Reichsluftschutzgesetzes mit trümmersicheren Kellern versehen sein, bei Großprojekten war der Einbau von Luftschutzräumen obligatorisch. Gleichzeitig wurden die ersten standardisierten Bunkertypen entwickelt, wie etwa Luftschutztürme der Bauart Zombeck (→ S. 40) oder die Röhrenbunker (→ S. 26). Wo es der Grundwasserspiegel erlaubte, sollten die Bunkeranlagen im Hamburger Untergrund errichtet werden, der bislang den Eiskellern zahlreicher Braue-

reien, dem Rohrpostnetz der Deutschen Post und natürlich der Hamburger U-Bahn vorbehalten gewesen war.
Doch die meisten der schließlich 1100 Bunkerbauten für den zivilen Luftschutz wurden erst während des von den Nationalsozialisten begonnenen Zweiten Weltkrieges errichtet, als zunächst britische und ab dem Kriegseintritt der USA Ende 1941 auch US-amerikanische Bomberverbände ihre tödliche Fracht auf deutsche Städte abluden. Zum Schutz der Rüstungsindustrie, ihrer Arbeiter und der Zivilbevölkerung befahl Adolf Hitler am 10. Oktober 1940 die massenhafte Errichtung von Betonbunkern, euphemistisch »Führer-Sofortprogramm« genannt. Die deutschen Städte wurden nach ihrer Kriegswichtigkeit kategorisiert. Hamburg sowie 60 weitere Städte bzw. Regionen wurden am 13. Oktober als Luftschutzort I. Ordnung eingestuft.
In Hamburg setzte man das Bunkerbauprogramm unverzüglich und gründlich um: Mehr als 1000 Bunker entstanden in mehreren Bauwellen bis 1945. Angesichts der gebotenen Eile sowie aus finanziellen Gründen errichtete man für den zivilen Luftschutz vornehmlich standardisierte Typenbauten. Neben den eigentlichen Bunkern aus Stahlbeton in Hoch- oder Tiefbauweise wurden auch materialsparendere und dadurch schneller fertigzustellende Röhrenbunker (→ S. 26) gebaut, tonnenförmige Betonröhren unterschiedlicher Größe, die man in die Erde einließ. Lediglich dem Splitterschutz dienten Deckungsgräben und provisorische Bauwerke aus Betonformsteinen, die man vorzugsweise in den städtischen Außenbezirken errichtete. Außerdem standen für die Bevölkerung Hamburgs sieben Krankenhausbunker zur Verfügung, wo auch im Falle eines Luftangriffes Zivilpersonen medizinisch versorgt und Kinder geboren werden konnten.

KZ-Häftlinge beim Bau eines Bunkers in Neuengamme, 1944

Anfänglich konnte bei den Baumaterialien, aber auch bei den Arbeitskräften noch aus dem Vollen geschöpft werden, der Krieg machte sich in dieser Hinsicht erst später bemerkbar. Bunkerbau war plötzlich zum lohnenden Geschäft geworden, und zahlreiche Firmen erhielten lukrative öffentliche Aufträge, die zunächst mit regulär bezahlten Arbeitskräften erledigt wurden. Mit zunehmender Kriegsdauer war dies nicht mehr möglich, und der Einsatz von KZ-Häftlingen und Zwangsarbeitern begann.
Wie viele der insgesamt 500 000 KZ-Häftlinge und Zwangsarbeiter, die während des Zweiten Weltkrieges in den etwa 1300 Lagern auf dem Gebiet der Hansestadt untergebracht waren, beim Bunkerbau mitarbeiten mussten – etwa an den gigantischen Flaktürmen auf dem Heiligengeistfeld (→ S. 32) und in Wilhelmsburg (→ S. 48) oder an dem U-Boot-Bunker »Fink II« (→ S. 44) –, ist nicht bekannt. Aber nur durch diesen erzwungenen, schonungslosen und für die beteiligten Firmen kostengünstigen Arbeitseinsatz konnten die geplanten Bunker so zügig fertiggestellt wer-

Rettungs- und Bergegeräte in einem Luftschutzkeller, 2014

den. Wie menschenverachtend und rassistisch das NS-Regime war, zeigte sich auch an der Tatsache, dass KZ-Häftlinge und Zwangsarbeiter in der Regel bei Luftalarm keines der von ihnen errichteten Bauwerke betreten durften.

Trotz des gewaltigen Bauprogramms hätten die errichteten Schutzbauten bei Weitem nicht allen Hamburgern Platz geboten. Daher griff man noch zu einer weiteren Maßnahme. Ab Mitte der 1930er-Jahre hatte man begonnen, die Zivilbevölkerung für das Verhalten bei einem Luftangriff zu schulen – Löschen von Feuer, Bergen von Verletzten, Handhabung von Gasmasken. Nun wurde der Luftschutz zu einer allgemeinen Pflicht für alle Bevölkerungsschichten. Gasmasken wurden verteilt, aber vor allem die Wohnhäuser auf den Luftkrieg vorbereitet, so gut es eben ging. Dachböden mussten von jeglichem Gerümpel und brennbaren Materialien geräumt, mindestens ein Kellerraum jedes Hauses zu einem Luftschutzkeller umgebaut werden. Vordringlich sollten Holzbalken oder Stahlträger eingezogen werden, um die Stabilität der Decken zu gewährleisten für den Fall, dass das Haus nach einem Bombentreffer in sich zusammenstürzte. Luftdichte und möglichst feuerfeste Türen sollten ein Eindringen giftiger Gase verhindern und Hitze bei Bränden fernhalten. Räume im Souterrain kamen nicht infrage, da sie gegen herumfliegende Bombensplitter nicht ausreichend Schutz boten.

Der Luftschutzkeller war eigentlich die Regel, der Bunker die Ausnahme, denn in Wohngebieten wurden verbunkerte Bauwerke nur errichtet, wenn freie Bauflächen vorhanden waren oder die Häuser keine geeigneten Kellerräumlichkeiten besaßen. Am Ende gab es rund 12 000 Luftschutzkeller, sodass zusammen mit den 1100 Bunkerbauwerken statistisch gesehen nahezu jeder Hamburger in den dichter besiedelten Teilen der Stadt einen Schutzplatz hatte. Dass dies noch keine Überlebensgarantie war, sollte sich im Krieg mehr als einmal zeigen, vor allem aber während der verheerenden Großangriffe im Juli und August 1943, der »Operation Gomorrha« (→ S. 12). Trotz der umfangreichen Sicherheitsmaßnahmen – selbst Luftschutzkeller waren mit Spitzhacke, Schaufel und Löschwasser ausgestattet, damit sich im Ernstfall die Insassen selbst helfen und befreien konnten – kamen viele Menschen in ihnen um. Entweder drangen Verbrennungsgase ein oder ganze Häuserblöcke kollabierten und begruben die Ein- und Ausgänge zu den Kellern unter sich. Selbst Monate nach den schweren Bombenangriffen vom Sommer 1943 wurden in Hamburg Luftschutzkeller geöffnet, in denen man ganze Hausgemeinschaften leblos vorfand. Die Menschen sahen aus, als schliefen sie; Kohlenmonoxid hatte sie getötet.

Noch heute sind die Spuren dieser Luftschutzmaßnahmen zu finden. Etliche Wohnhäuser in Hamburg haben original erhaltene Luftschutzräume in ihren Kellern, die allerdings nicht bei öffentlichen Führungen besichtigt werden können.

»Operation Gomorrha« – die Zerstörung Hamburgs

Mitte Mai 1940 erfolgte der erste systematische Luftangriff gegen Hamburg. Ziel war der Harburger Binnenhafen mit seiner Industrie. Bis zum Jahresende erlebte Hamburg 70 Angriffe mit einer noch relativ geringen Anzahl von Opfern: 125 Menschen verloren bis dahin ihr Leben. Bis zum Sommer 1943 stieg die Zahl der Luftangriffe kaum, wohl aber ihre Intensität. Zu diesem Zeitpunkt waren knapp 1000 Luftschutzbauten fertiggestellt. Zur selben Zeit beschloss das britische Bomberkommando die »Operation Gomorrha«.

Löscharbeiten nach einem Luftangriff, 1943

In sechs Großangriffen zwischen dem 25. Juli und dem 3. August 1943, geflogen mit durchschnittlich 700 Flugzeugen, zerstörten britische und amerikanische Bomberverbände große Teile der Hamburger Innenstadt, den Arbeiterbezirk Hammerbrook gar zu 95 Prozent.

Erreicht wurde diese verheerende Vernichtung durch einen künstlich erzeugten Flächenbrand. In einer ersten Angriffswelle zerstörten Sprengbomben die Gebäude und deren Dächer, auf diese Trümmer wurden dann Tausende Stabbrandbomben geworfen. Die unzähligen kleinen Brandnester entwickelten sich zu einem Großbrand ungeheuren Ausmaßes. Durch die aufsteigende Hitze und den resultierenden Kamineffekt bewegten sich die Flammen horizontal durch die Straßen und erfassten alles Brennbare. Hammerbrook brannte fünf Tage und konnte über eine Woche lang nicht betreten werden – die Trümmer

speicherten die enorme Hitze wie ein Kachelofen.
In ganz Hamburg wurden bei der »Operation Gomorrha« 260 000 Wohnungen völlig zerstört, das war die Hälfte des Wohnungsbestandes. Nach amtlichen Schätzungen verloren 34 000 Menschen ihr Leben. Auch zahlreiche Luftschutzeinrichtungen waren zur Todesfalle für Schutzsuchende geworden; die Quellen sprechen von 15 bis 20 Prozent zerstörter Bunker. Entweder hatte die Bunkerdecke den massiven Angriffen nicht standgehalten, oder Kohlenmonoxid und giftige Brandgase waren in die Schutzeinrichtungen eingedrungen. Einen garantierten Schutz boten also selbst die Betonbunker bei einem solchen Großangriff nicht, von den einfachen Luftschutzkellern ganz zu schweigen, wo viele Menschen auch an der enormen Hitze starben.
Noch zwischen den einzelnen Angriffen flohen Ausgebombte aus der Stadt, über der sich nach dem Großangriff auf Hammerbrook ein schwarzer Rauchpilz von neun Kilometern Höhe bildete. Obwohl die örtliche NS-Führung verboten hatte, die Stadt zu verlassen, flohen insgesamt etwa 900 000 obdachlos gewordene Menschen aus Hamburg.

Flüchtende Frauen bei Luftalarm (oben), 1944, und die Ruinenlandschaft Hamburgs nach der »Operation Gomorrha«, 1943

Der Bunkerbau für die Industriebetriebe Hamburgs nahm eine Sonderstellung ein. Neben den rund 1100 Schutzbauten für die Zivilbevölkerung existierten mehrere Hundert sogenannte Werkluftschutzanlagen für die Arbeiter und Angestellten der Unternehmen. Es gab sowohl nach Reichsvorschrift normierte Standardbauten wie den Truppenmannschaftsbunker oder den rohrförmigen »Salzgitter«-Bunker (→ S. 46) als auch objekt- oder aufgabenbedingte Sonderlösungen. Ein Beispiel für Letztere ist das Trockendock »Elbe 17« (→ S. 42) auf dem Werftgelände von Blohm & Voss, wo man konstruktionsbedingte Hohlräume nachträglich zu Schutzraumflächen ausbaute und die nicht bombensicheren Decken rudimentär mit Stahlplatten aus dem Schiffsbau verstärkte.

Entscheidend für die Ausstattung der Betriebe mit Bunkern war die Kriegswichtigkeit des jeweiligen Unternehmens. Aber auch Produktionsstätten im Hafen waren wegen ihrer exponierten Lage, ihrer Größe und ihrer schwer zu tarnenden Funktion bevorzugt mit den verschiedensten Bunkertypen und -bauten ausgestattet worden. Zum Einsatz kamen die weitverbreiteten, aber im

Ruine des U-Boot-Bunkers »Fink II« am Elbeufer in Finkenwerder, um 1950

Hafen nicht sonderlich hochwassersicheren Röhrenschutzbauten (→ S. 26), sogenannte Bunkertreppenhäuser (nachträglich an Gebäuden errichtete Bunkerbauten), Luftschutztürme wie etwa die Ringtreppen- oder Zombeck-Türme (→ S. 40), Truppenmannschaftsbunker (Standardhochbunker der Kriegsmarine mit einer Kapazität für mindestens 750 Personen, in Hamburg auch zweimal als Werkluftschutzanlage auf dem Gelände von Blohm & Voss errichtet), der Bunkertyp »Salzgitter« (→ S. 46) und schließlich die wuchtigen U-Boot-Bunker in Finkenwerder (→ S. 44) und im Vulkanhafen am Neuhof. Während die meisten Bunkerbauten im Hafengebiet in erster Linie dem Schutz der Betriebsangehörigen dienten, sollten die U-Boot-Bunker als bombensicherer Unterstand für in Reparatur befindliche oder noch auszurüstende U-Boote dienen, waren also Produktionsstätten.

Bunker und Luftschutzräume werden für den Ausnahmefall, den Kriegs- oder Katastrophenfall, errichtet und sind entsprechend ausgerüstet. Ein dauerhafter Betrieb bzw. ein dauerhafter Aufenthalt von Menschen in diesen Bauten ist nicht vorgesehen. Aber auch dazu sollte es kommen. Nachdem ein Großteil der Hamburger Bevölkerung die Stadt nach den verheerenden Luftangriffen im Sommer 1943 fluchtartig verlassen hatte, kehrte sich die Fluchtbewegung Ende des Zweiten Weltkrieges um. Viele kamen angesichts der vorrückenden alliierten Truppen zurück in die Ruinen und bewohnten die wenigen verbliebenen Behausungen. Auch Keller und Bunker wurden nun zu einer vorübergehenden Heimstatt. Die Wohnungsnot verschärfte sich noch, als die ersten Flüchtlinge aus den evakuierten Ostgebieten eintrafen. Jetzt waren selbst Bunker- und Kellerräume in zerstörten Häusern mit mehreren Familien belegt.

Ziviler Luftschutz während des Kalten Krieges

Von den ehemals 1100 in Hamburg errichteten zivilen Bunkerbauwerken waren zu Kriegsende noch ungefähr 800 in brauchbarem Zustand. Die militärischen Betonbauwerke mussten nach den Bestimmungen der Alliierten allesamt als Bunker unbrauchbar gemacht, also gesprengt oder entfestigt werden. Diese Auflage betraf eigentlich auch die zivilen Luftschutzbauten. Dass es dazu nicht kam, hatte mindestens zwei Gründe. Zum einen dienten auch in der unmittelbaren Nachkriegszeit viele Bunker und Luftschutzkeller weiterhin als Not- und Massenquartiere, die man nicht einfach ersetzen konnte. Einige Betonkolosse wurden in den Folgejahren umgewidmet, von Unternehmen als Standort oder Lagerraum angemietet oder gar, wie am Hauptbahnhof geschehen, zeitweilig zu einem Bunkerhotel ausgebaut (→ S. 52).

Der zweite Grund war die veränderte weltpolitische Lage. Mit Beginn des Kalten Krieges war auch die Gefahr eines Dritten Weltkrieges stets präsent. Und nach den Atombombenabwürfen der US-Amerikaner auf Hiroshima und Nagasaki 1945 und dem erfolgreichen Test einer sowjetischen Atombombe 1949 war es wahrscheinlich, dass bei einem solchen Krieg atomare Waffen eingesetzt werden würden. Das führte dazu, dass in der gerade gegründeten Bundesrepublik Deutschland 1950 sämtliche Demontage- und Demilitarisierungsarbeiten eingestellt wurden, auch an den Bunkerbauwerken. Mit der Gründung der Bundeswehr 1955 musste – die Genfer Menschenrechtskonvention schreibt dies zwingend vor – auch für den Schutz der Zivilbevölkerung gesorgt werden.

1958 erfolgte die Gründung des Bundesamtes für Bevölkerungsschutz. Im selben Jahr wurde das erste Gesetz zum Schutze der deutschen Zivilbevölkerung gegen die Auswirkungen von Krieg und Vernichtung erlassen, das ab 1962 mit dem ersten Schutzbaugesetz auch ein Beseitigungs- und Veränderungsverbot bestehender Bunker einschloss. Dadurch sicherte sich der Staat den Zugriff auf sämtliche Bunker, ungeachtet des Zustands und der Eigentumsverhältnisse.

Eingang zum Bunkerhotel am Hauptbahnhof, 1950

Zu dieser Zeit begann man zu prüfen, ob und welche Bunkeranlagen aus dem Zweiten Weltkrieg geeignet wären, um sie für eine mit atomaren, biologischen oder chemischen Waffen (ABC-Waffen) geführte kriegerische Auseinandersetzung als Schutzraum zu nutzen.

Hamburg spielte mit zwei Bunkerbauten eine Vorreiterrolle für das ab 1960 geplante bauliche Zivilschutzprogramm des Bundes. Exemplarisch wurde der bestehende unterirdische Rundbunker am Berliner Tor (→ S. 54) zu einer für damalige Verhältnisse modernen Zivilschutzanlage umgebaut, und im Stadtteil Altona entstand kurz danach ein kleiner unterirdischer und kreisrunder Neubau mit einer Kapazität von 100 Personen. Nahezu zeitgleich wurde ein Hochbunker in Dortmund ebenfalls exemplarisch umgebaut und in einem Belegungsversuch mit zivilen Personen getestet. Vornehmlich ging es um die Klärung von Fragen

Eingangs- und Schleusenbereich der Zivilschutzanlage Steintorwall, 2014

der Ausstattung und der technischen Parameter. Die Auswertung der Erfahrungen sollte dann in das ABC-Bunker-Bauprogramm einfließen und Standards setzen.

Grundsätzlich favorisierte man – schon allein aus Kostengründen – Instandsetzungs- und Umrüstungsarbeiten an existenten Bunkerbauwerken aus der Zeit des Zweiten Weltkrieges vor Neubaulösungen. Doch wegen der steigenden Umbaukosten und des geringen bis überhaupt nicht vorhandenen Nutzwertes der klassischen Bunker in Friedenszeiten erfolgte mit Beginn der 1970er-Jahre eine Neuorientierung. Nun wurden sogenannte Mehrzweckanlagen gebaut, die im Alltag als Tiefgaragen oder U- bzw. S-Bahnhöfe dienten, aber für den Ernstfall eine ABC-Schutzraumfunktion besaßen. Prominente Beispiele für solche Anlagen sind in Hamburg die S-Bahnhöfe Reeperbahn (→ S. 36), Stadt-

hausbrücke und Harburg-Rathaus sowie das ehemalige Parkhaus an der Drosselstraße (→ S. 60).
Der interessierte Beobachter muss heute in den S-Bahnhöfen allerdings schon sehr aufmerksam nach den Spuren der doppelten Funktion dieser Bauwerke suchen. Herausnehmbare Fliesen, Edelstahlblenden und ganz normale Türen verbergen den Blick auf Stahlbetontore, Laufschienen und stählerne Gasschleusentüren. Im Katastrophenfall hätten die Bahnhöfe erst in die Zweitfunktion überführt werden müssen, um als Schutzraum zur Verfügung zu stehen.
Die Kapazität solcher Anlagen belief sich auf 3000 bis 5000 Schutzplätze, ein Drittel davon Liegeplätze – vornehmlich in Form von Etagenbetten –, zwei Drittel Sitzplätze; damit gehörten diese Bahnhöfe zu den größten Bunkerbauwerken Hamburgs. Für die Schutz suchenden Menschen waren alle notwendigen Verbrauchsmittel und Hygieneartikel – vom Besen bis zur Babywindel – eingelagert. Lebensmittel wurden dagegen in Zivilschutzobjekten nicht vorgehalten, da die begrenzte Lagerfähigkeit zu regelmäßigen Vernichtungsaktionen geführt hätte, ein nicht zu unterschätzender Kostenfaktor und keine populäre Maßnahme im Nachkriegsdeutschland. Für die Lebensmittelversorgung wären Bestände von Großhändlern requiriert und in die Bunker gebracht worden.
Einige Zivilschutzeinrichtungen konnten das Überleben der dort Schutz suchenden manchmal nur für wenige Stunden sicherstellen. Bei der Annahme eines möglichen nuklearen dritten Weltkrieges ein eher psychologischer denn wirklicher Schutz. Solche Erkenntnisse mögen dazu beigetragen haben, dass in den späten 1970er- und den 1980er-Jahren trotz anhaltender Bedrohungs-

Zur Zivilschutzanlage umgebauter Hochbunker in der Wendenstraße (links), 2014, und Bunkerschott am U-Bahnhof Steinfurter Allee (rechts), 2000

lage sehr viele Bunker nur sehr rudimentär nutzbar gemacht wurden. Neue Türen und Lüftungsanlagen versprachen zwar den erforderlichen ABC-Schutz, und Toiletten dienten der Hygiene im befürchteten Atomkrieg. Doch wurden in diese »Sparversionen« schon keine Brunnen, Notstromgeneratoren oder Küchen mehr eingebaut – 14 Tage hätte es darin niemand aushalten können, und das ist die Mindestaufenthaltsdauer zum Schutz vor der aggressiven Anfangsstrahlung einer Atomwaffe.

Für Hamburg kann man konstatieren: Obwohl seit 1960 rund 60 Bunker aus der Zeit des Zweiten Weltkrieges umgebaut und 20 Neubauten errichtet wurden und trotz der hoch anmutenden Kapazitäten einer Mehrzweckanlage konnten bis zum Ende des Kalten Krieges in der Hansestadt nur knapp 89 000 Schutzplätze bereitgestellt werden, das heißt, nur etwa jeder Zwanzigste der 1,7 Millionen Einwohner hätte dort Zuflucht finden können.

Regierung ohne Schutz

Mitte der 1960er-Jahre erließ die Bundesregierung mehrere Notstandsverordnungen zum Zweck der Versorgung der Zivilbevölkerung und der Streitkräfte im Kriegsfall. Diese sogenannten Sicherstellungsgesetze verpflichteten sowohl den Bund als auch die einzelnen Bundesländer zum Bau von Ausweichquartieren. Vorgesehen war eine Verlegung der Exekutive und (kriegs)wichtiger behördlicher Stellen in weniger gefährdete Regionen eines jeden Bundeslandes. Das bereitete dem überschaubaren Stadtstaat Hamburg Schwierigkeiten. Während sich das benachbarte Schleswig-Holstein vier Ausweichsitze leistete, alle in der Nähe der dänischen Grenze, baute die Hamburger Innenbehörde einen Ausweichsitz im beschaulichen Stadtteil Blankenese.

Hinter den natürlichen Erhebungen des Geesthanges gelegen, wurde eine im staatlichen Besitz befindliche alte Villa mit den damals üblichen Kommunikationsmitteln Telefon, Fernschreiber und Funk ausgestattet und zusätzlich noch ein kleines Rundfunkstudio installiert. Die technischen Geräte baute man in die vorher verstärkten Kellerräume ein, während ungefähr die Hälfte aller oberirdischen Räume für die Regierenden reserviert war. Da das Objekt nicht einmal Platz für alle Regierungsmitglieder bot, bezog man das Goßler-Haus (das ehemalige Ortsamt Blankenese) und ein Schullandheim mit in die Planungen ein.

Obwohl das Gesetz bauliche Sicherungsmaßnahmen (Bunker) von den Ländern verlangte, kam es in Hamburg nicht zu einem solchen Schutzbau. Stattdessen musste man einen Irrtum revidieren. Im Kriegsfall hätte wohl die Elbe die Frontlinie gebildet und der Ausweichsitz auf der falschen Seite gelegen – im Feindesland. Also musste man südlich der Elbe einen weiteren Ausweichstandort suchen. Auch dort erhielt ein im staatlichen Besitz befindliches Haus die erforderliche Kommunikationstechnik, auf das Rundfunkstudio allerdings verzichtete man und erst recht auf einen Bunker. Entgegen den Aktivitäten im nördlichen Nachbarland – dort erweiterte man einen der Regierungsbunker im Jahre 1984 und baute noch 1993 für die erste Frau im Ministerpräsidentenamt sogar eine separate Duschkabine ein – gab Hamburg 1984 seinen Regierungsausweichsitz ganz auf und verzichtete fortan auf jeglichen Schutz.

Umgang mit einem schwierigen Erbe

Mit der Wiedervereinigung beider deutschen Staaten 1990, dem Zusammenbruch der Sowjetunion und dem daraus folgenden politischen Wandel in Europa schien die Möglichkeit eines neuen Weltkrieges weitgehend gebannt. Folgerichtig wurde bald bundesweit die Finanzierung des Zivilschutzprogramms hinterfragt und schließlich eingestellt. In Hamburg ging im März 1991 die letzte neu errichte Mehrzweckanlage – der Bahnhof Niendorf-Nord – in Betrieb. Nach einem Jahrzehnt der Unentschlossenheit und des Stillstands wurden ab der Jahrtausendwende schrittweise Einrichtungen aus der Zivilschutzbindung entlassen, zuerst die Hochbunker, dann die Tiefgaragen mit der Doppelfunktion des Zivil- und Katastrophenschutzes stillgelegt bzw. entwidmet.

Diese Anlagen wie auch die noch verbliebenen steinernen Zeugen aus der NS-Zeit sind seitdem vielerorts zu lohnenden Spekulationsobjekten geworden. 2006 entschied sich die Bundesinnenministerkonferenz für die völlige Abschaffung des »baulichen Zivilschutzkonzeptes«. Seitdem ist der Bunkerrückbau beschlossene Sache, und die im Bundeseigentum befindlichen Bunker werden auf dem Immobilienmarkt veräußert. Waren die Liegenschaften vor Jahren noch für symbolische Beträge zu erwerben, erzielen sie heute in erster Linie wegen der rasant gestiegenen Grundstückspreise hohe Verkaufserlöse. Gegenwärtig befinden sich nur noch wenige Anlagen, wie etwa die Mehrzweckanlage Reeperbahn (→ S. 36), in der Zivilschutzbindung, weil eine Entlassung einen kostenintensiven Rückbau zur Folge hätte und kein Kapitalrückfluss zu erwarten ist. Unterdessen ist seit einigen Jahren eine kontroverse Diskussion über den Umgang mit den bestehenden Bunkerbauten in Hamburg

Ein Beispiel für den Abriss: der ehemalige Hochbunker am Eilbeker Weg, 2014

entbrannt. Soll man sie als Mahnmal des Krieges erhalten, umwidmen oder komplett beseitigen? Schon Anfang der 1980er-Jahre hatte es eine solche Debatte gegeben, als viele innerstädtischen Hochbunker – Gefahrenlage hin oder her – als Schandflecke wahrgenommen wurden. Nachdem vereinzelt Bunker bemalt worden waren, wie etwa in Eimsbüttel in der Unnastraße, schrieb das Kulturamt 1982 einen Ideenwettbewerb zur künstlerischen Auseinandersetzung mit den Hochbunkern in der Hansestadt aus. Das Ergebnis war ernüchternd. Künstler und Kulturbehörde konnten sich aus politischen Gründen nicht einigen, sodass keiner der zwölf ausgesuchten Bunker umgestaltet werden konnte.

Ein gutes Jahrzehnt später und nach der Deutschen Einheit kam wieder Bewegung in die Diskussion um die Bunker. Seit 1995 gibt es in Hamburg Bemühungen, die Geschichte dieser Bauwerke sorg-

Wandbild im Hochbunker Eidelstedter Weg, 2014

fältig und historisch verantwortungsvoll aufzuarbeiten. In den letzten Jahren haben sich mehrere Vereine und Gemeinschaften gegründet, die Bunker als authentische Relikte der Vergangenheit begreifen, sie als Teile der deutschen Geschichte, auch der dunkelsten Kapitel, konservieren und kritisch dokumentieren wollen. So konnten mittlerweile einige Bauwerke als Mahn- und Gedenkorte erhalten bzw. umgestaltet werden und sind für öffentliche Rundgänge regelmäßig zugänglich – ein Angebot, das immer mehr Interessierte sowie Schüler- und Studentengruppen nutzen.

Doch trotz dieser sinnvollen Bemühungen werden immer wieder selbst unter Denkmalschutz stehende Bauten abgerissen, um an ihrer Stelle zeitgemäße Projekte zu errichten, so etwa der Bunker in der Forsmannstraße in Winterhude. Nachdem der Alteigentümer die Denkmalschutzauflagen nicht mehr erfüllen konnte, wurde die Schutzwürdigkeit 2012 vom Denkmalamt – unter Auflage einer umfassenden Dokumentation – kurzerhand

aberkannt. Eine Anwohnerinitiative stemmte sich gegen die Abrisspläne des Neueigentümers und forderte: »Wir wollen, dass der Bunker erhalten bleibt, weil er ein wichtiges Zeugnis der Kriegszeit ist. Er ist ein Mahnmal und gehört dorthin.« Doch der Investor konnte davon nicht überzeugt werden; 38 hochwertige Eigentumswohnungen versprechen einfach mehr Gewinn. Im Sommer 2014 kamen die Abrissarbeiten lediglich durch zu hohe Lärm- und Staubbelastungen kurzzeitig zum Erliegen. 2016 sollen die ersten Wohnungen bezugsfertig sein.
Dass die wirtschaftlichen Interessen der Hansestadt schwerer wiegen als der Denkmalschutz, sieht man auch am Hochbunker Eidelstedter Weg in Eimsbüttel. Er sollte aufgrund einer privaten Initiative zu einem Kulturbunker mit Kletterwand, Café und Proberäumen für Musikgruppen umgebaut werden. 2013 erst für Führungen zugänglich gemacht, sind die Abrisspläne inzwischen beschlossene Sache, weil ein benachbarter Kosmetikkonzern dieses Grundstück als Teil einer Erweiterungsfläche für das Firmengrundstück braucht. Zumindest im Bunker vorhandene Wandbilder aus der Zeit seiner Errichtung, bunte und teils naive Darstellungen Hamburger Originale, sollen erhalten bleiben – so die Auflage des Denkmalschutzes für die Beseitigung des Bunkers. Nun ist ein mit hohem finanziellen und technischen Aufwand verbundenes Aussägen der Bilder aus den Betonwänden geplant. So verschwinden nach und nach immer mehr Bunkerbauten aus dem Stadtbild.
Es bleibt zu hoffen, dass die unbequemen Zeugnisse aus der Vergangenheit nicht einfach entsorgt, das heißt abgerissen werden, sondern weiterhin eine kritische Auseinandersetzung mit ihnen stattfindet und damit auch eine Auseinandersetzung mit Krieg und seinen Folgen für die Zivilbevölkerung zukünftig möglich ist.

Röhrenbunker Tarpenbekstraße

Tarpenbekstraße 68, 20251 Hamburg
www.stadtteilarchiv-eppendorf.de

Auf einem schmalen Grünstreifen, direkt an der viel befahrenen Tarpenbekstraße in Eppendorf gelegen, weisen nur eine stählerne Abdeckplatte, ein Elektroanschlusskasten und eine kleine Informationstafel auf den verborgenen Röhrenbunker hin, der hier unter der Erde liegt. Er besteht aus zwei Betonröhren und gehört zu den preiswerten Röhrenschutzbauten, die während des Zweiten Weltkrieges schnell und in großer Zahl gebaut wurden; sie machten gut die Hälfte aller 1100 damals errichteten Hamburger Zivilschutzbauten aus. Als Typenbau ähneln sich all diese Objekte, lediglich Grundstücksform und -größe war entscheidend für die Anzahl, die Größe und die Anordnung der Röhren.
Das im Sommer 1940 an der Tarpenbekstraße entstandene Zwei-Röhren-Bauwerk liegt nur einen knappen Meter unter der Erde. In seinen nebeneinander angeordneten, jeweils knapp 15 Meter langen Röhren sollten 100 Personen Schutz vor herumfliegenden Trümmern oder Bombensplittern finden; einen direkten Treffer hätte das Bauwerk nicht ausgehalten. Die Stabilität dieser Bunker, die nach einem sogenannten »Führerbefehl« offiziell nicht als Bunker bezeichnet werden durften, war abhängig von der Verfügbarkeit der Baustoffe. Während Hochbunker grundsätzlich eine Wandstärke von mindestens einem Meter aufweisen muss-

Eingangsbereich des Röhrenbunkers Tarpenbekstraße (links), Besuchergruppe während einer Wolfgang-Borchert-Lesung im Bunker (rechts), 2014

ten und daumendicke Eisenstangen im Beton enthielten, bestanden die Röhren nur aus 60 Zentimeter dicken Betonwänden, und der Eisengehalt eines preiswert errichteten Röhrenbunkers füllte nur knapp den Kofferraum eines PKW.

Nach dem Krieg zunächst von einem Altwarenhändler genutzt, 1962 geschlossen, gab es bereits 1986 eine Idee für die neuerliche Nutzung. Die Bezirksorganisation der Deutschen Kommunistischen Partei (DKP) wollte in ihm eine Gedenkstätte einrichten und Totenmasken von KPD-Opfern ausstellen, gab das Projekt aber nach heftiger und kontroverser Diskussion im Bezirksparlament wieder auf.

Im Mai 1995 erinnerten die beiden Hamburger Gerd Stange und Michael Batz mit einem Kunstprojekt an den Dichter Wolfgang Borchert, der einst in unmittelbarer Nachbarschaft des Bunkers wohnte. Nach erfolgreichem Abschluss dieses Projekts ging die Trägerschaft des »anderen Mahnmals« auf das Stadtteilarchiv Eppendorf über, das einige Umbaumaßnahmen veranlasste, weil das Bauwerk offiziell nicht verkehrssicher war. Heute wird es nur selten für Besucher geöffnet, beispielsweise zum Tag der Geschichtswerkstätten.

»Kaufmann-Bunker«

Harvestehuder Weg 12, 20148 Hamburg
(Eingang über Milchstraße)
www.unter-hamburg.de/Bunker-des-Hamburger-Gaul.433.0.html

Im »Budge-Palais«, der heutigen Hochschule für Musik und Theater, befand sich von 1938 bis 1945 die sogenannte Reichsstatthalterei, in der Gauleiter Karl Kaufmann residierte. In dem Villenviertel an der Außenalster, gut drei Kilometer vom Hamburger Rathaus entfernt, bauten sich die Nationalsozialisten ihr eigenes Machtzentrum auf. Das »Budge-Palais«, dessen Name auf ein US-amerikanisches Ehepaar deutscher Herkunft und jüdischen Glaubens zurückgeht, wurde 1935 aus deren Nachlass gegen den Willen der Erben zu ungefähr einem Zehntel des damals üblichen Marktwertes von der Stadt Hamburg erworben und Kaufmann zur Verfügung gestellt, der nach dreijähriger Umbauzeit einzog. Unmittelbar danach gab es bereits erste Entwürfe für einen Bunker auf dem Gelände, doch Kaufmann lehnte vorerst ab.

Zu Beginn des Zweiten Weltkrieges musste es dann schnell gehen; nach handschriftlichen Entwürfen wurde Mitte 1940 der Bunker im Garten der »Reichsstatthalterei« als verbunkerter Befehlsstand Kaufmanns errichtet, doch auch die örtliche SS-Führung sollte in ihm unterkommen können. Platz für Familienangehörige war dagegen nicht vorgesehen. Der Bunker umfasst insgesamt acht Räume, bestehend aus der eigentlichen Befehlsstelle, einem Lageraum, einem Besprechungszimmer, zwei Räumen für die Fernmeldetechnik, einem Adjutantenzimmer und einem Pausenraum für Meldekräfte und Fahrer. Im Bunker gab es einen Notstromdiesel und eine schon damals gegen Giftgas geschützte Lüftungsanlage. Geschützt wird dieses Bauwerk mit seinen bis zu vier Meter dicken Wänden zusätzlich durch eine auffällige Betonkonstruktion oberhalb des Bunkers. Dieses »Dach« diente als sogenannte Zerschellschicht und sollte stärkere Bomben noch oberhalb des Bunkers zur Detonation bringen – eine in Hamburg einmalige Konstruktion. Nach Kriegsende wurde das »Budge-Palais« von den Engländern besetzt und als Offiziersclub genutzt; der Bunker diente vermutlich als Waffen- und Munitionslager. Später vermietete die Bundesvermögensverwaltung das Objekt bis in die 1970er-Jahre an einen Malereibetrieb. Nach jahrzehntelangem Leerstand wurden in der Nachbarschaft Wünsche nach einem Abriss laut. Dieser konnte durch das Engagement des Vereins »unter Hamburg e. V.« verhindert werden. Seit 2010 steht der Bunker unter Denkmalschutz und es werden regelmäßig Rundgänge für die Öffentlichkeit angeboten. Auf den geführten Touren werden die Besucher über den historischen Ort, den Weg der städtischen Verwaltung in den totalitären Staat und die Rolle Kaufmanns im NS-System informiert.

Zusätzliche Zerschellschicht oberhalb des »Kaufmann-Bunkers«, 2014

Hochbunker Bornplatz

Joseph-Carlebach-Platz, 20149 Hamburg

Auf dem heutigen Joseph-Carlebach-Platz, dem früheren Bornplatz, wurde im Jahr 1904 eine neue Synagoge errichtet, die bald den Mittelpunkt des jüdischen Lebens in Hamburg bildete. Der prächtige, 1200 Besuchern Platz bietende Bau hatte eine Höhe von 40 Metern und war damit die größte Synagoge Nordeuropas. Am 9. November 1938 schändeten Nazis während der Reichspogromnacht auch dieses Gotteshaus und verursachten erhebliche Schäden im Inneren; angezündet wurde es erst zwei Tage später. Weder der genaue Ablauf der Tat noch die Täter wurden rekonstruiert bzw. ermittelt. Zu Beginn des Jahres 1939 meldete sich die Stadt Hamburg und bestand auf dem Rückkaufrecht für das Grundstück, da in der Brandruine keine Zeremonien mehr möglich seien und die jüdische Gemeinde das Grundstück zu dessen eigentlichem Zweck nicht mehr benötige. Nachdem der jüdischen Gemeinde auch noch die Abrisskosten für die teilzerstörte Synagoge auferlegt wurden, betrug der Verkaufserlös nur einen Bruchteil der ehemaligen Anschaffungskosten. Im Juli 1939 begannen die Abrissarbeiten und danach die Umgestaltung des Bornplatzes zu einer öffentlichen Grünanlage. Das grüne Idyll hielt jedoch nicht lange vor. Wegen des sich abzeichnenden Luftkrieges be-

Synagoge am Bornplatz, um 1910

Entfestigter Hochbunker am heutigen Joseph-Carlebach-Platz, 2014

gehrten die Bunkerplaner die Grünfläche; Baubeginn war noch im Jahre 1940. Der Bunker auf dem Bornplatz bot nach seiner Fertigstellung auf fünf Ebenen rund 1400 Personen Schutz. Mit seinen 1150 Liege- und 260 Sitzplätzen wurde er in der eng bebauten Gegend regelmäßig und stark frequentiert. Jüdische Bewohner des Grindelviertels durften das Bauwerk allerdings nicht betreten.

In den Jahren 1949 und 1950 wurde der Bunker demilitarisiert. Indem man die Außenwände durch Fensteröffnungen entfestigte, machte man das Bauwerk für seinen eigentlichen Zweck unbrauchbar. Gegenwärtig beherbergt der Bau ein Institut der Universität Hamburg. An die Synagoge erinnern auf dem heutigen Joseph-Carlebach-Platz nur noch eine Wandtafel und ein Bodenmosaik, das deren Grundriss darstellt.

Flakturm Heiligengeistfeld

Feldstraße 66, 20359 Hamburg

Für die meisten Hamburger ist vermutlich der Flakbunker auf dem Heiligengeistfeld nahe des Millerntor-Stadions, in dem der FC St. Pauli seine Heimspiele austrägt, das Synonym für die Bunker Hamburgs schlechthin. Das mag der zentralen und exponierten Lage geschuldet sein und vermutlich auch der monumentalen Gestalt.

Wie im Stadtteil Wilhelmsburg (→ S. 48) bestand auch die Luftverteidigung auf dem Heiligengeistfeld aus zwei Flaktürmen, einem Leit- und einem Gefechtsturm. Zwei Türme waren nötig, um den Kurs und die Flughöhe der Bomberverbände zu bestimmen und die Geschütze auf dieses Ziel auszurichten. Auf dem Leitturm befanden sich die Radar- und Ortungsanlagen, auf dem Gefechtsturm vier Flugabwehrgeschütze des Kalibers 12,8 Zentimeter.

Obwohl Hitler bereits im September 1940 die Errichtung solcher Bauwerke im Reichsgebiet anordnete – ähnliche Türme entstanden in Berlin und in Wien –, sind die Hamburger Flaktürme deutlich später entstanden als beispielsweise Bunker des zivilen Bauprogramms. Auf dem Heiligengeistfeld war im Jahr 1942 Baubeginn; bereits ein gutes Jahr später waren beide Türme einsatzbereit. Bei einer Grundfläche von 70 mal 70 Metern, einer Höhe von 47 Metern und Wand- bzw. Deckenstärken von bis zu 3,8 Metern erscheint dies als gewaltige Bauleistung. Allerdings wären die Türme unter regulären Arbeitsbedingungen nicht so schnell entstanden; nur durch die rücksichtslose Ausbeutung von vornehmlich sowjetischen Kriegsgefangenen unterschiedlicher Herkunft war das mög-

Ehemaliger Leitturm mit Rundfunk- und Fernsehantennen, 1961

Ehemaliger Gefechtsturm (links), Treppenhaus im heutigen Medienbunker (rechts), 2013

lich, denn für sie gab es keine geregelten Arbeitszeiten, lediglich Frost konnte eine Verzögerung der Betonarbeiten zur Folge haben. Neben seiner Funktion als Gefechtsturm erfüllte der heute noch vorhandene Bunker weitere Zwecke. In ihm war ein Hilfskrankenhaus untergebracht, es gab Lagerräume für Kunstwerke aus Museen, die aus Sicherheitsgründen eingelagert waren, der Hamburger Gauleiter Karl Kaufmann verfügte im Turm über eine Ausweichbefehlsstelle (→ S. 28), und schließlich bot er Tausenden Zivilisten Schutz vor Bombenangriffen.

Die Hamburger Flaktürme hätten auch nach einem siegreichen Krieg weiter genutzt werden sollen – nicht nur als gewaltige Kulisse hinter dem Aufmarschplatz Heiligengeistfeld, sondern auch als Gedenkstätte für die gefallenen deutschen Soldaten. Für eine Nachnutzung hatte man die Fenster bereits eingebaut, jedoch einstweilen mit Betonplomben wieder verschlossen.

Unmittelbar nach dem Krieg wurde der heute nicht mehr vorhandene Leitturm zur Wiege des Rundfunks in Norddeutschland. Wegen seiner Höhe und der noch vorhandenen technischen Ausstattung wurden dort für den neu gegründeten Nordwestdeutschen Rundfunk (NWDR) ein Fernsehstudio und umfangreiche Sendeeinrichtungen installiert. Zur demokratischen Erziehung der deutschen Bevölkerung sollte ein freies Rundfunkprogramm nach dem Vorbild der englischen BBC entstehen. Interessanterweise planten die Alliierten noch während des Aufbaus der Sendeanlagen einen Abriss beider Bunker. Als Kriegsbauwerke sollten sie, ähnlich wie deren Pendant in Berlin, komplett gesprengt werden. Doch der Abriss des ehemaligen Leitturms erfolgte erst 1974.

Für die Verzögerung gab es zwei profane Gründe. Bei einer erfolgten Zerstörung hätten die bereits montierten Sendeanlagen des NWDR wieder entfernt und andernorts installiert werden müssen. Der zweite Grund war die Berlin-Blockade durch die Sowjets in den Jahren 1948/49. Zu dieser Zeit befand sich auf dem Leitturm ein 50 Meter hoher Gittermast, der die Richtantennen für die Gesprächsverbindungen nach Berlin trug. Während der Rundfunk und das NDR-Fernsehen dem Bunker später den Rücken kehrten, nutzte die Deutsche Bundespost den Leitturm weiterhin als Fundament für Richtfunkantennen; erst die Inbetriebnahme des Fernsehturms 1969 machte ihn überflüssig.

In den 1970er-Jahren meldete der bundesdeutsche Zivilschutz sein Interesse am Leitturm an und ließ seine Nutzung als ABC-Schutzanlage prüfen. Die Genfer Menschenrechtskonvention machte dann einen Strich durch die Rechnung, denn ein militärisch finanziertes Bunkerbauwerk durfte kein Zivilschutzobjekt werden. 1974 beschloss die Bundespost, das Bauwerk abzureißen. Die Kosten dafür waren etwa viermal so hoch wie die Baukosten.

Der noch existente ehemalige Gefechtsturm wurde 1990 an einen privaten Interessenten verkauft. Heute gibt es im Bunker zwei Musik-Clubs, die von den dicken Wänden profitieren. Führungen durch das Gebäude wünscht der Eigentümer nicht.

Mehrzweckanlage S-Bahnhof Reeperbahn

S-Bahnhof Reeperbahn, 22767 Hamburg

Mit einer einfachen Fahrkarte kann man die öffentlichen Bereiche einer der größten Zivilschutz- bzw. Mehrzweckanlagen Hamburgs besichtigen, die bei der Verlängerung der S-Bahnstrecke von den Landungsbrücken bis Altona 1979 entstanden ist. Im S-Bahnhof Reeperbahn sollten 4500 Menschen zwei Wochen einen Atomkrieg überleben können. Im Ernstfall wären Züge auf die Gleise gefahren, auf den Bahnsteigen Etagenbetten aufgestellt und die Zugänge des Bahnhofs hermetisch gegen die Außenwelt abgeschottet worden. Doch kaum etwas ist davon zu sehen. Verborgen hinter Edelstahlblenden, Bodenfliesen und Türen sind die schweren Stahlbetontore und Gasschleusen. Im Gleisbereich der Tunnel befinden sich große Stahltore zum Verschluss der Haltestelle. Ein ausgeklügeltes System aus Hydraulikstempeln und Gummipolstern soll so die Schienen gasdicht umschließen und ein Eindringen von Schadstoffen durch die Tunnelanlagen verhindern.

Getestet wurde die Funktionsfähigkeit der Anlage nur sehr selten: Seit dem Ende des Kalten Krieges stellte man ihre Notwendigkeit immer häufiger infrage, und keiner wollte die hohen Kosten und den Aufwand verantworten, zumal Funktionstests in Mehrzweckanlagen die alltägliche Nutzung stark einschränken. Zu ihrer Inbetriebnahme müssen die Tunnel verschlossen, der S-Bahn-Verkehr unterbrochen werden.

Heute befindet sich die Mehrzweckanlage in St. Pauli in einem desolaten Zustand, wichtige Einlagerungsgegenstände sind ent-

Abgasrohre der Mehrzweckanlage (MZA) Reeperbahn (oben), 2014; massives Verschlusstor der MZA Harburg-Rathaus, um 1995

weder entwendet worden, haben die jahrelange Lagerung bei Feuchtigkeit nicht überstanden oder sind durch Schimmel und Staub nicht mehr zu benutzen. Sowohl die Notstromdiesel als auch die Belüftungsanlagen wurden seit gut 20 Jahren nicht mehr gewartet; fast genauso lange hat man die Anlage keiner Druckprüfung mehr unterzogen, das heißt sie nicht mehr in Betrieb genommen, nicht mehr ihre Luftdichtigkeit überprüft.

Bunker unter dem Bismarck-Denkmal

Alter Elbpark
Seewartenstraße, 20459 Hamburg

Unter dem Anfang des 20. Jahrhunderts in der Nähe des Hamburger Hafens aufgestellten Bismarck-Denkmal befindet sich ein einzigartiges Bunkerbauwerk, das seit Langem nicht mehr zugänglich ist und schon in einigen Reiseführern und der Tagespresse für Legendenbildung gesorgt hat. Dort als »hoch geheimes Objekt des Zweiten Weltkrieges« gehandelt, verbirgt sich unter den Füßen des Eisernen Kanzlers nichts weiter als ein Zivilschutzraum aus 2000 Tonnen Beton.

Errichtet wurde die fast 15 Meter hohe Statue auf einem gewaltigen Podest, das wiederum auf einem hohlen Backsteingewölbe ruht, der Untergrund ließ eigentlich keine größere Baulast als die bereits entstandenen 625 Tonnen zu. Während des Zweiten Weltkrieges hat man einen Teil dieses Hohlraums trotzdem mit innen eingezogenen Betonwänden verstärkt. Die entstandenen Räume weisen eine eigenartige Formgebung auf und ähneln einer aus acht Stücken bestehenden Torte. Obwohl der Schutzraum offiziell 950 Plätze aufwies, konnte höchstens ein Drittel der Schutzsuchenden in dem verwinkelten Bau Platz finden; elektrische Beleuchtung, fließend Wasser und Toiletten machten den Aufenthalt einigermaßen erträglich.

Der Ausbau kostete ungefähr 220 000 Reichsmark – und stellt die zuständigen Behörden heute vor ein im Wortsinne massives Problem. Durch die zusätzliche Baulast ist die Standfestigkeit des Denkmals auf Dauer nicht zu gewährleisten; es hat sich bereits um acht Zentimeter geneigt, ausgerechnet in Richtung England, Bismarcks Erzfeind. Die damit gegebene Gefahr ist seit vielen Jahren bekannt, und genauso lange wird in der Politik über die Bereitstellung von Mitteln diskutiert, weil der Eiserne Kanzler heute umstritten und ein Politikum ist.

Im Jahr 2014 hat sich die Stadt Hamburg dann zum Erhalt eines ihrer Wahrzeichen bekannt und 6,5 Millionen Euro für die Sanierung des Denkmals zur Verfügung gestellt. Ziel der Arbeiten ist die Beseitigung der zusätzlichen Baulast von 2000 Tonnen – der Schutzraum wird also ausgebaut. Außerdem erhält das Denkmal ein Fundament zur Lastverteilung in den instabilen Untergrund. Geplant ist die Freilegung der alten Schutzraumzugänge und die Wiederherstellung der Verkehrssicherheit im Inneren des Denkmals. Durch diese Sanierungsmaßnahmen werden auch große Teile der NS-Wandmalereien verschwinden, die vermutlich ein weiterer Grund sind, weshalb der Zutritt ins Denkmal nie erlaubt war. Die Nationalsozialisten hatten die Bunkerwände nach ihrer Fertigstellung mit Zitaten Bismarcks und völkischen Symbolen versehen. Schwerter, Eichenlaub und verschiedene Hakenkreuzdarstellungen sollten offensichtlich eine Nähe oder gar Verwandtschaft des Nationalsozialismus mit den Werten des konservativen Reichsgründers suggerieren.

Bismarck-Denkmal (links), Luftschutzeinrichtung im Sockel des Denkmals (rechts), 2013

Zombeck-Luftschutzturm am Baumwall

Vorsetzen 70, 20459 Hamburg

Bei dem exponierten Turm in der Nähe der Landungsbrücken handelt es sich um einen gut getarnten Luftschutzbunker, genauer um einen »Zombeck-Luftschutzturm«, benannt nach seinem Konstrukteur Paul Zombeck. Dieser Bunker war einer der ersten Typenbauten, der Mitte der 1930er-Jahre entwickelt und von Zombeck 1937 zum Patent angemeldet wurde. Mit Beginn des Zweiten Weltkrieges errichtete man in Hamburg elf Zombeck-Türme an verkehrsreichen Stellen als öffentliche Luftschutzanlagen, der am Baumwall stammt aus den Jahr 1940.

Die Wandstärke verringert sich bei diesem Bunkertyp von 2,00 Meter an der Basis bis 1,50 Meter an der Spitze. In den 22 Meter hohen Bauwerken sollten während eines Luftangriffs bis zu 500 Personen Schutz finden. Im Inneren führt eine schraubenförmig ansteigende, um eine Mittelsäule angelegte Wendelplattform nach oben, auf der hölzerne Sitzbänke standen. In der zentralen Mittelsäule befinden sich die sanitären Einrichtungen, die Lagerräume und ein Aufenthaltsraum für die Bunkerwarte.

Das äußere Erscheinungsbild dieser Bunker ähnelt einem mittelalterlichen Wehrturm, und deshalb passten sich diese Bunker meist unauffällig in das Stadtbild ein und verhehlten somit ihre Funktion, zumindest oberflächlich. Noch heute nehmen die meisten Menschen diesen Bunkertyp als Wasserturm wahr. Diese Tarnung diente aber nicht nur zum Schutz vor Angriffen aus der Luft, sondern auch zur Beruhigung der eigenen Bevölkerung. Ein umfangreicher und augenfälliger Bunkerbau vor oder zu Beginn

Luftschutzturm der Bauart Zombeck am Baumwall, 2014

des Zweiten Weltkrieges wäre einem Offenbarungseid gleichgekommen – ein Staat der Bunker baut, gibt indirekt zu, dass er angreifbar ist. Das passte gar nicht zur NS-Propaganda und zur Arroganz etwa eines Hermann Göring. Der Reichsluftfahrtminister hatte noch im Frühjahr 1940 lauthals verkündet, dass er Meyer heißen wolle, wenn auch nur ein feindliches Flugzeug in den deutschen Luftraum eindringen würde.

Als das Stadtbild prägende Elemente stehen einige dieser Luftschutztürme seit Anfang der 2000er-Jahre unter Denkmalschutz, auch der am Baumwall. In der Nähe des Dammtorbahnhofs wird in einem weiteren noch erhaltenen Luftschutzturm der Bauart Zombeck bereits seit längerer Zeit eine Bar betrieben.

Werkluftschutzanlage Trockendock »Elbe 17«

Firmengelände von Blohm + Voss (gegenüber den St.-Pauli-Landungsbrücken)
www.unter-hamburg.de/Trockendock-Elbe-17.481.0.html

Viel sieht der interessierte Besucher der Stadt Hamburg nicht vom Trockendock »Elbe 17«. Genau gegenüber den Landungsbrücken gelegen, bietet es auch heute noch Platz für die größten Schiffe, gibt aber kaum seine wahre Größe preis. 350 Meter lang und rund 60 Meter breit, wurde es 1942 für die mächtigsten Schlachtschiffe des Zweiten Weltkrieges als Reparaturdock fertiggestellt. Gebaut wurde es sogar eine Nummer größer, denn es sollte auch noch einer folgenden Generation Schiffe als Baudock dienen können. Nachdem das Trockendock Ziel verschiedener Bombenangriffe geworden war, nutzte man Teile desselben als Luftschutzräume, die gar nicht dafür vorgesehen waren. Beim Bau des Docks hatte man Hohlräume geschaffen, um Baustoffe zu sparen und trotzdem Stabilität zu gewährleisten. Gegen Bombeneinschläge wurden nun diese Räume nach oben hin mit aufgelegten Stahlplatten aus dem Schiffsbau verstärkt und dann als Schutzraum genutzt.

Nach dem Krieg war die Werft Blohm & Voss als eine der größten Rüstungsfirmen des »Dritten Reiches« Ziel von Abrüstungsmaßnahmen. Die alliierten Besatzungsmächte wollten bis zum Jahr 1950 alle militärisch nutzbaren Anlagen vernichten. Dazu zählten neben den Krananlagen und Helligen auch Bunker und natürlich Dockanlagen. »Elbe 17« sollte vollständig gesprengt werden. Wegen seiner Größe und seiner massiven Bauweise waren umfangreiche Sprengarbeiten notwendig, die Kosten dafür musste die Stadt Hamburg in Vertretung des Bundesfinanzministeriums auslegen, in Zeiten absoluten Mangels ein sehr schwieriges Unterfangen. Aber nicht nur die hohen Kosten und eine zwischenzeitlich durch Sprengarbeiten an einem nahe gelegenen Bunker entstandene Beschädigung des Elbtunnels sorgten für den Stopp des Abrisses. Aufgrund der neuen Rolle Westdeutschlands als Partner im westlichen Bündnis wurden am 11. September 1950 sämtliche Demontage- und Demilitarisierungsmaßnahmen eingestellt. Trotz einiger Probebohrungen und -sprengungen blieb das Dock nahezu unversehrt und konnte bald für den Gebrauch wieder instand gesetzt werden. Die ehemaligen Luftschutzräume dienten später als Lager-, Werkstatt- und Umkleideräume. Sogar empfindliche Technik wurde dort untergebracht, so installierte die Firma IBM in den 1960er-Jahren eine Großrechneranlage in den Räumlichkeiten an der östlichen Dockwand.

Schiff im Trockendock »Elbe 17« (oben); die Luftschutzeinrichtungen befanden sich im Seitenbereich des Docks (unten), 2013

Da das Trockendock »Elbe 17« auf dem privaten Firmengelände von Blohm + Voss liegt, ist eine Besichtigung der Luftschutzanlagen nicht möglich.

U-Boot-Bunker »Fink II«

Rüschweg 18, 21129 Hamburg

Außer den Flaktürmen (→ S. 32 und 48) gab es noch andere Betonkolosse in Hamburg: die U-Boot-Bunker. Von den ursprünglich geplanten drei Stück wurden zwei fertiggestellt – der Bunker mit der Tarnbezeichnung »Fink II« in Finkenwerder und »Elbe II« in Neuhof. Der dritte U-Boot-Bunker am Wedeler Elbufer war bei Kriegsende noch eine Baustelle.

Diese Betonriesen waren angesichts ihrer Größe vor den Visieren der alliierten Bomberverbände nicht zu verbergen. Wo es keine Tarnung gab, sollten Massen an Beton für Schutz sorgen. Bei den im Frühjahr 1941 begonnenen Bauarbeiten für »Fink II« verarbeitete man in neun Monaten 55 000 Kubikmeter Beton; die geringe Bauzeit war – wie bei den Flaktürmen – nur durch den rücksichtslosen Einsatz von Kriegsgefangenen und KZ-Häftlingen möglich. In der Nähe der Bunkerbaustelle befand sich ab Herbst 1941 am Rande des Geländes der Deutschen Werft AG das Gemeinschaftslager Finkenwärder I für mehr als 600 Häftlinge. Diese stammten überwiegend aus der Sowjetunion, Polen, Belgien, Frankreich und Dänemark. Ihr eigentlicher Einsatzort war die Werft, doch vermutlich wurden die Häftlinge auch beim Bunkerbau eingesetzt.

Der Bunker besaß eine Ausdehnung von 151 mal 153 Metern. Die Wandstärke betrug an seiner dicksten Stelle 3,6 Meter. Nach seiner Fertigstellung diente er als Reparatur- und Montagebunker der Deutschen Werft. Während des Kriegs wurden die U-Boot-Bunker kaum in Mitleidenschaft gezogen. Zwar gab es ab 1944

Informationsstele gegenüber den Fundamentresten des ehemaligen U-Boot-Bunkers »Fink II«, 2012

auch bunkerbrechende Bomben, die problemlos die gewaltigen Decken der U-Boot-Bunker hätten durchschlagen können, doch kamen sie in Hamburg kurz vor Kriegsende am 9. April 1945 zum Einsatz. So fanden während der alliierten Luftangriffe auf die Hansestadt in dem Bunker mehrere Tausend Personen sichere Zuflucht: U-Boot-Besatzungen, Arbeitskräfte und Zivilisten.

1945 sprengten die Alliierten den Betongiganten und überdeckten ihn 1973 mit Erde. Bei Erweiterungsarbeiten des benachbarten Firmengeländes legte man die Grundmauern des Bunkers wieder frei, die seit 2006 Bestandteil des »Denkmals Bunkerruine« sind. Heute ist vom Bunker in Finkenwerder nur noch der Grundriss zu erkennen. Eine Tafel informiert über seine Geschichte; und am Rüschweg erinnert ein Mahnmal an das ehemals dort befindliche Zwangsarbeiterlager und die bei der Deutsche Werft AG zur Arbeit gezwungenen KZ-Häftlinge.

Der nach dem Krieg gesprengte Bunker »Elbe II« war jahrzehntelang Anziehungspunkt für Bunkertouristen aus aller Welt, drei U-Boot-Wracks lagen im trüben Wasser. 2003 wurde die Ruine im Auftrag der Hafenbehörde mit Sand aufgefüllt, heute ist dort eine Abstellfläche für Container.

Hochbunker »Salzgitter« im Hafen

Moorburger Straße / Moorburger Bogen, 21079 Hamburg

Im Verlauf des Zweiten Weltkrieges errichtete man an zehn Standorten in Hamburg – allesamt im Industrie- und Hafengebiet gelegen – Bunker des Typs »Salzgitter«. Die Bezeichnung geht auf die niedersächsische Stadt zurück, wo er unter der Federführung von Edmund Geilenberg, dem »Generalkommissar für Sofortmaßnahmen«, entwickelt wurde. Etwa 200 Exemplare dieses Bunkertyps kamen in den letzten Kriegsjahren reichsweit zum Einsatz, vornehmlich in der Öl verarbeitenden Industrie (Hydrierwerke, Raffinerien und chemische Werke). Im Rahmen des Werkluftschutzes sollten sie dazu beitragen, die Treibstoffversorgung sicherzustellen. Sie dienten als Luftschutzanlage des Personals, als Befehlsstand oder als Abstellplatz für Löschgeräte. Aufgrund des im Verlauf des Krieges immer größer werdenden Arbeitskräftemangels wurden für den Bau dieser Bunkeranlagen vornehmlich Zwangsarbeiter und KZ Häftlinge herangezogen.

Ein Kennzeichen des Bunkertyps »Salzgitter« ist seine bogenförmige Decke; die Wandstärke betrug 2,50 Meter. Von den beiden Varianten des Bunkers, die sich nur in der Breite unterschieden, wurde in Hamburg nur der etwas größere, in seinem Inneren vier Meter breite Typ II gebaut. Der Bunker in der Moorburger Straße

Linke Seite und oben: Blick in einen Bunker vom Typ »Salzgitter«, wie er vielerorts in Hamburg errichtet wurde, 2014

besitzt eine Länge von 30 Metern und Zugänge an beiden Stirnseiten. Ursprünglich waren in der Hansestadt auch doppelröhrige Versionen geplant, kamen aber nicht zur Ausführung.
Die noch vorhandenen Bunker im Industrie- und Hafengebiet sind nicht frei zugänglich. In der Moorburger Straße ist jedoch ein Exemplar eines »Salzgitter«-Bunkers, das ursprünglich als Werkluftschutzanlage diente, gut von der Straße aus einzusehen. Er bildet heute das stabile Fundament für eine der Hamburger Sturmflutsirenen; alle hochwassergefährdeten Bereiche der Hansestadt befinden sich zumindest in Hörweite dieser Sirenen, die eines der wenigen Überbleibsel des einstmals dichten Sirenennetzes der Bundesrepublik sind.

Flakturm Wilhelmsburg

Energiebunker
Neuhöfer Straße, 21107 Hamburg
www.vju-hamburg.de

Zum Schutz der Rüstungsindustrie oder wichtiger Verkehrsknoten vor Luftangriffen errichtete man während des Zweiten Weltkrieges Flakstellungen. Um auch die Hamburger Innenstadt vor den alliierten Bomberverbänden schützen zu können, mussten Flakgeschütze auf einer künstlichen Erhöhung installiert werden. Dazu nutzte man – wie in Berlin und Wien – kolossale Bunker, die sogenannten Flaktürme. Dem Gefechtsturm mit den Flakgeschützen auf dem Dach stand jeweils ein Leitturm zur Seite. In Hamburg wurden zwei unterschiedliche Flakturmpaare auf dem Heiligengeistfeld (→ S. 32) und in Wilhelmsburg errichtet, Letzteres in den Jahren 1942/43, wobei vor allem Kriegsgefangene und KZ-Häftlinge zu den Bauarbeiten gezwungen wurden.

Zusammen mit den Türmen auf dem Heiligengeistfeld und einem weiteren projektierten, aber nie in Angriff genommenen Turmpaar in Wandsbek sollten die Flaktürme in Wilhelmsburg den hanseatischen Luftraum von gegnerischen Flugzeugverbänden freihalten. Dazu war der heute noch vorhandene Gefechtsturm mit vier Luftabwehrgeschützen vom Kaliber 12,8 Zentimeter und der nicht mehr vorhandene Leitturm mit Horch-, Peil- und Messgeräten ausgestattet. Weil die Türme schnellstmöglich in Dienst genommen werden sollten, waren sie gar nicht vollständig ausgestattet worden. So hat man die ursprünglich geplanten Lastenaufzüge nie eingebaut, und auch von den eigentlich vier benötigten Munitionsaufzügen wurden nur zwei fertiggestellt. Flakhelfer mussten deshalb die fast 70 Kilogramm schwere Munition zwischen den Geschützbettungen hin- und herschleppen. Es sollte sich zeigen, dass die Flaktürme militärisch kaum von Bedeutung waren, gleichwohl boten sie der in der Umgebung wohnenden Zivilbevölkerung häufig und zuverlässig Schutz vor Bomben. Platz hätten in den Türmen gut 20 000 Menschen gefunden, doch so viele wohnten gar nicht in der unmittelbaren Nähe.

Nach dem Krieg sprengten die Briten im Oktober 1947 den Leitturm und ließen ihn bis 1952 komplett abtragen. Als sie eine Woche später auch Sprengladungen im anderen Betonkoloss zündeten, zerstörten sie zwar die komplette innere Struktur des Gefechtsbunkers, nicht aber seine Hülle. Auf einen Abriss wurde dann aus Kostengründen verzichtet. So blieb der ehemalige Flak-

Energiebunker Wilhelmsburg nach seiner Eröffnung, 2013

Trümmerberge im Inneren des ehemaligen Flakbunkers Wilhelmsburg, 2010

turm Wilhelmsburg jahrzehntelang eine unansehnliche und triste Ruine, in der allenfalls Tauben nisteten.

Zunächst scheiterten alle Überlegungen einer Nachnutzung an dem gewaltigen Trümmerberg, der in dem 57 mal 57 Meter großen und 44 Meter hohen Turm lag. Lediglich die stattliche Höhe des Objekts machte es interessant für die Antennen diverser Mobilfunkbetreiber.

Zu Beginn der 2000er-Jahre beschloss die Stadt Hamburg, den Stadtteil Wilhelmsburg aufzuwerten, und bewarb sich für die Ausrichtung der Internationalen Bauausstellung (IBA) im Jahr 2013. Große Areale des Stadtteils sollten saniert bzw. neu bebaut werden; somit rückte auch der ehemalige Flakturm wieder in das Blickfeld. Ideen gab es viele – vom Abriss bis zur Konzeption eines mehrstöckigen, den Bunker umschließenden Wohngebäudes –, umgesetzt wurde nichts.

Nach dem Zuschlag für die IBA sah das stadtplanerische Konzept schließlich eine komplette Umnutzung vor. Der Bunker sollte zu einem Kraftwerk oder besser zu einem Energiespeicher

»Café vju« in der oberen Ebene des zum Energiebunker umgebauten Flakturms, 2013

werden, dem Wilhelmsburger »Energiebunker«, und die umliegenden Häuser mit sauberer Energie versorgen. Für diesen Umbau musste der Bunker von 40 000 Tonnen Betontrümmer befreit und die durch die Sprengung teilweise zerstörte Statik wieder stabilisiert werden. Diese Arbeiten dauerten drei Jahre und verschlangen 27 Millionen Euro.

Heute dominiert das Innere des Bunkers ein 18 Meter hoher Heißwasserspeicher. Als Energiequelle hat man an der Außenfläche und auf dem Dach Photovoltaikanlagen und Wärmekollektoren installiert; für sonnenarme Wintertage befindet sich noch eine gasbetriebene Heizanlage im Inneren des Bunkers. Mit seinen 22 Megawattstunden Heizleistung kann das Bauwerk bis zu 3000 Haushalte mit Wärme versorgen. Die elektrische Energieabgabe liegt bei knapp 3000 Megawattstunden und reicht für 1000 Haushalte.

Hoch oben befindet sich das »Café vju« mit Terrasse, von wo man einen weiten Blick über Wilhelmsburg und den Hamburger Hafen hat.

Tiefbunker Steintorwall

Steintorwall 20, 20095 Hamburg
www.hamburgerunterwelten.de

Der Bunker am Steintorwall besteht eigentlich aus zwei separaten Hälften, einem Nord- und einem Südteil. Fast spiegelbildlich aufgebaut, liegen die Bunkerhälften Rücken an Rücken und sind nur durch Notausstiegsklappen miteinander verbunden.

Ursprünglich wurden die Bauwerke für die Reisenden der Deutschen Reichsbahn direkt neben dem Hamburger Hauptbahnhof (nicht unter ihm, wie häufig behauptet) errichtet. Die Nordhälfte stand den Schutzsuchenden bereits 1941 zur Verfügung, die Südhälfte hingegen war erst 1944 eingeschränkt nutzbar, ein Jahr nach den Großangriffen auf die Hansestadt, der »Operation Gomorrha« (→ S. 12). Die Bauwerke hatten eine Gesamtkapazität von rund 2700 Personen und waren sicher gegen Giftgasangriffe und direkte Bombentreffer.

In der Nachkriegszeit entstand in Teilen des Bauwerks – eine makaber anmutende Idee – ein Bunkerhotel, das Bahnreisenden eine gleichmäßig niedrig temperierte und schlecht beleuchtete Übernachtungsmöglichkeit bot. Mitte der 1960er-Jahre dann nahm sich der bundesdeutsche Zivilschutz dieses Bunkers an und setzte beide Bunkerhälften für über fünf Millionen DM einigermaßen instand. Fortan sollten hier 1200 bzw. 1500 Menschen einen Angriff der Streitkräfte des Warschauer Paktes mit ABC-Waffen bis zu zwei Wochen überleben können. Der Umbau kam zu keinem Ende: Während die Nordhälfte wieder voll einsatzbereit war, wurde in der Südhälfte des Bunkers die Lüftungsanlage nie fertiggestellt.

Nachgestellte Szene eines Bunkerwarts in der Zivilschutzanlage Steintorwall, 2014

Im Jahr 1989 wurde der Bunker dann zum ersten Mal in der Nachkriegszeit wirklich benötigt. Als sich am 9. November die innerdeutsche Grenze öffnete, kamen Tausende Menschen aus der DDR nach Hamburg. Eines der ersten Ziele war die Begrüßungsgeldstelle im Bezirksamt Hamburg-Mitte. Da die Grenzöffnung auch westliche Behörden überrascht hatte, standen nur zwei Beamte für die Auszahlung zur Verfügung. Die Geldausgabe verzögerte sich, und viele Ostdeutsche übernachteten in der Hansestadt – einige davon im Bunker Steintorwall.

Heute befindet sich die Nordhälfte des Bunkers in einem authentischen, leicht verfallenen Zustand, die Südhälfte wird zu einem Teil als musealisierte Ausstellungsfläche für öffentliche Rundgänge genutzt und zu einem anderen Teil mit der Originaleinrichtung erhalten, die regelmäßig, an jedem zweiten Wochenende, besichtigt werden kann.

Rundbunker Berliner Tor

Berliner Tordamm, 20097 Hamburg
www.unter-hamburg.de/Berliner-Tor.226.0.html

Der Tiefbunker Berliner Tor, nahe der gleichnamigen S-Bahn-Station gelegen, wurde im Jahr 1940 als einer von zweien dieses Typs gebaut und im Zweiten Weltkrieg regelmäßig von der benachbarten Wohnbevölkerung und von Bahnreisenden frequentiert. Das drei Etagen umfassende unterirdische Bauwerk mit seinen zwei Meter dicken Stahlbetonwänden sollte ursprünglich 600 Menschen Schutz bieten und galt, dank einer 1,5 Meter dicken Betondecke, bei seiner Fertigstellung auch als sicher gegen direkte Bombentreffer. Den Feuersturm (→ S. 12) im Juli 1943, den bis dato stärksten Luftangriff auf die Stadtteile Hamm, Hammerbrook und Borgfelde, überlebten in dem vollkommen überfüllten Bunker etwa 800 Menschen.

Nach dem Krieg diente der Rundbunker als Lagerraum und wurde dann, als erster Bunker Hamburgs, in den Jahren 1960 bis 1963 zu einer modernen ABC-Schutzanlage umgebaut. Innerhalb von zwei Jahren installierten Fachfirmen eine Brunnenanlage, ein Notstromaggregat, Lüftungsanlagen und ein zweistufiges Filtersystem gegen Fremdstoffe in der Atemluft. In drei Tankanlagen konnten insgesamt 21 000 Liter Diesel und Heizöl gebunkert werden, genug für einen vierwöchigen Dauerbetrieb.

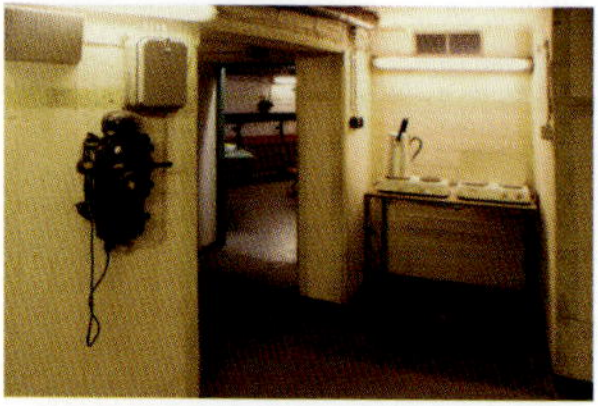

Küchenbereich Bunker Berliner Tor, 2014

Nach dem erfolgten Umbau wurde der Bunker als Musterbau für den entstehenden baulichen Zivilschutz benutzt. Eine Abteilung der Baubehörde zog in den Bunker und nutzte ihn als Vorzeigeobjekt für bauausführende Firmen, denn ABC-Schutzbau war für viele Unternehmen noch absolutes Neuland.
Im Jahr 1964 kam es dann zu einer tatsächlichen Nutzung über einen Zeitraum von immerhin sieben Tagen. Während einer Veranstaltungswoche des Bundesluftschutzverbandes kamen in Hamburg Hunderte von freiwilligen Helfern zusammen, für die man günstige Unterbringungsmöglichkeiten suchte. Als Vorbereitung zukünftigen Personals quartierte man 150 Luftschutzhelferinnen in den engen Etagenbetten ein.

3D-Modell der Zivilschutzanlage, 2013

Noch heute ist der Bunker im Zustand des Jahres 1963. Die gesamte Einrichtung und auch die Originaleinlagerungen (vom Toilettenpapier bis zur Babywindel) sind komplett vorhanden. Es handelt sich also bei diesem Bunker nicht um ein Museum, sondern um einen authentischen Ort. Seit Februar 2006 kann der Tiefbunker öffentlich besichtigt werden. Führungen finden regelmäßig am letzten Wochenende im Monat statt.

Bunkermuseum Hamm

Wichernsweg 16, 20537 Hamburg
www.hh-hamm.de/bunkermuseum

Das Bunkermuseum in Hamburg-Hamm ist das erste seiner Art und das einzige Hamburgs. Der Vier-Röhren-Bunker wurde im Jahre 1941 gebaut. Von einem Vorraum, auch Gasschleuse genannt, zweigen vier röhrenförmige, längliche Räume ab. Jeder Raum ähnelt einem Eisenbahntunnel mit jedoch sehr viel geringerem Querschnitt. Bei einer Länge von etwa 17 Metern, einer lichten Höhe von 2,10 Metern und einer Raumbreite von rund zwei Metern sollten 50 Personen in jeder Röhre Platz finden.
Im Zweiten Weltkrieg wurde diese Zahl während der Nachtangriffe jedoch regelmäßig überschritten, außerdem führten die meisten Menschen das vorgeschriebene Luftschutzgepäck (Koffer für Wertsachen, Familiendokumente, Sparbücher) mit sich, was die drückende Enge im Bauwerk verstärkte. Mit ihren knapp ein Meter dicken Wänden waren die Röhrenschutzbauten zwar sicherer als die Hauskeller, doch die Stabilität eines Hochbunkers mit seinen bis zu zwei Meter dicken Stahlbetonwänden erreichten Röhrenbunker kaum. Trotz diverser Volltreffer bevorzugte die Bevölkerung diese als bessere Alternative zum Luftschutzkeller, und so wurde auch der Röhrenbunker

Eingang zum Bunkermuseum, 2014

Ausstellung im Bunkermuseum Hamm, 2014

Wichernsweg vorzugsweise von Menschen aus der Nachbarschaft genutzt; während der »Operation Gomorrha« (→ S. 12) im Sommer 1943 hat er vielen Menschen das Leben gerettet.

Als Museum wird der Bunker seit 1997 vom Stadtteilarchiv Hamm betrieben, das im Bunker eine stattliche Sammlung von Exponaten und Artefakten aus dem Stadtteil hat zusammentragen können. Die Ausstellung kann selbstständig besichtigt werden. Bei geführten Gruppentouren werden darüber hinaus akustische Zeitzeugenberichte vorgespielt. Für Besucher mit einem stabilen Nervenkostüm wird das Licht gelöscht, der Überflug eines Bombenflugzeuges und die Explosion einer Bombe simuliert. Interessant ist die Darstellung der Schäden deutscher Bombenflugzeuge auf englische Städte. Hier wird deutlich, wie sehr sich die Bilder doch gleichen.

Das Bunkermuseum ist jeden Donnerstag geöffnet, gesonderte Gruppenführungen sind auf Anfrage möglich.

Hochbunker Tonistraße

Tonistraße 10, 22089 Hamburg

Ein gutes Beispiel für die Umnutzung eines Bunkers aus dem Zweiten Weltkrieg zeigt sich an dem Hochbunker in der Tonistraße in Wandsbek. Zum Ende des Jahres 1941 für die benachbarte Wohnbevölkerung als sogenanntes Bunkerhaus errichtet, bot das relativ kleine Bauwerk 100 Sitz- und etwas über 300 Liegeplätze. Die Baukosten für diesen bombensicheren Bunker betrugen 418 000 Reichsmark.

Noch während des Krieges, vermutlich nach der Totalzerstörung der benachbarten Wohnhäuser, zog ein Teil des Hamburgischen Welt-Wirtschafts-Archivs (HWWA) in den Bunker.

Nach dem Krieg weiterhin als Lagerfläche genutzt, war der Bunker bis 1990 vom Beseitigungs- und Veränderungsverbot des westdeutschen Zivilschutzes betroffen, ein Gesetz zum Schutze der bestehenden Bunker, unabhängig von deren Zustand oder Eigentumsverhältnissen. Erst nach der Deutschen Einheit wurde dieses Gesetz gelockert, und eine erste Welle von Verkäufen bundes- und landeseigener Bunker setzte ein.

Die neuen Besitzer des Bunkers Tonistraße haben das Objekt zu einem Bürogebäude aus- bzw. umgebaut. Mit Diamantseilen ausgesägte Fensteröffnungen bieten heute genügend Licht für eine ausreichende Beleuchtung bei Tage, und die dicken Wände sorgen für eine konstante Temperatur. Außerdem wurde der ursprünglich nur zwölf Meter hohe Bunker um einen Fahrstuhlschacht erweitert und um zwei Etagen aufgestockt. In direkter Nachbarschaft zum Jacobi-Park ergibt sich für die Bewohner der oberen

Private Nutzung: umgebauter Hochbunker Tonistraße, 2014

Stockwerke ein unverbaubarer Ausblick über die Dächer Wandsbeks. Im Bunker befinden sich heute die Geschäfts- und Ausstellungsräume einer Firma für Markisen und Rollläden.

Mehrzweckanlage Parkhaus Drosselstraße

Drosselstraße 15, 22305 Hamburg

Während des Kalten Krieges wurden im Rahmen des Zivilschutzes nicht nur Bahnhöfe (→ S. 36) zu sogenannten Mehrzweckanlagen umgebaut, sondern auch einige Parkhäuser baulich so ausgestattet, dass sie als Zivilschutzanlage im Kriegsfall dienen konnten. In Hamburg-Barmbek, unweit vom Bahnhof, entstand 1971 ein Großparkhaus, das auf der untersten Ebene eine Bunkeranlage für etwa 2000 Menschen enthielt. Diese Ebene wäre im Katastrophenfall zum Aufenthaltsraum für Schutzsuchende umgebaut worden. Montagevorrichtungen in der Decke und auf dem Boden der Parkflächen boten die Möglichkeit, Wände zu stellen und fast 1300 Sitz- und 700 Liegeplätze zu installieren. Daran angrenzend befanden sich die Räumlichkeiten der Mehrzweckanlage wie etwa die technischen Versorgungseinrichtun-

Drängelsperre im Zugangsbereich der ehemaligen Mehrzweckanlage Drosselstraße, 2012